SCHIRMER'S LIBRARY
OF MUSICAL CLASSICS

Vol. 1972

CLAUDE DEBUSSY

Preludes

(Books 1 and 2)

For Piano

ISBN 978-0-7935-7872-6

G. SCHIRMER, Inc.

DISTRIBUTED BY

HAL•LEONARD®
CORPORATION
7777 W. BLUEMOUND RD. P.O. BOX 13819 MILWAUKEE, WI 53213

CONTENTS
Book 1

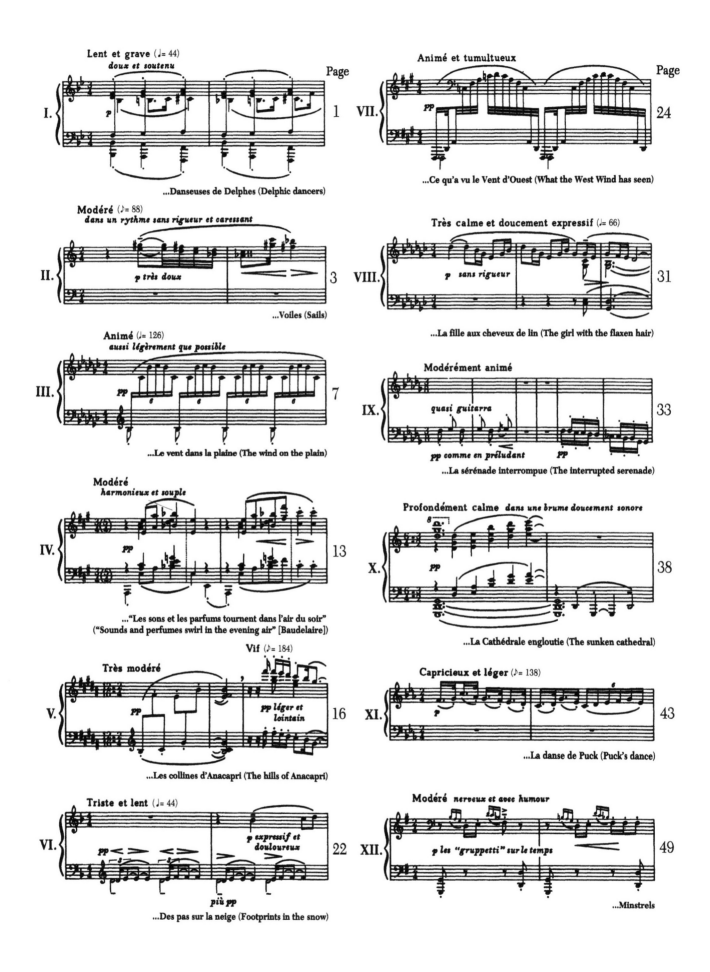

Book 2

PRELUDES

Book 1

I...

2

(...Danseuses de Delphes)

II...

Modéré (♪ = 88)

Dans un rythme sans rigueur et caressant

(...Voiles)

III...

Animé (♩ = 126)

aussi légèrement que possible

pp

6   6   6   6

pp

pp

8........

Cédez   // a tempo   Cédez //

8.......

pp   pp

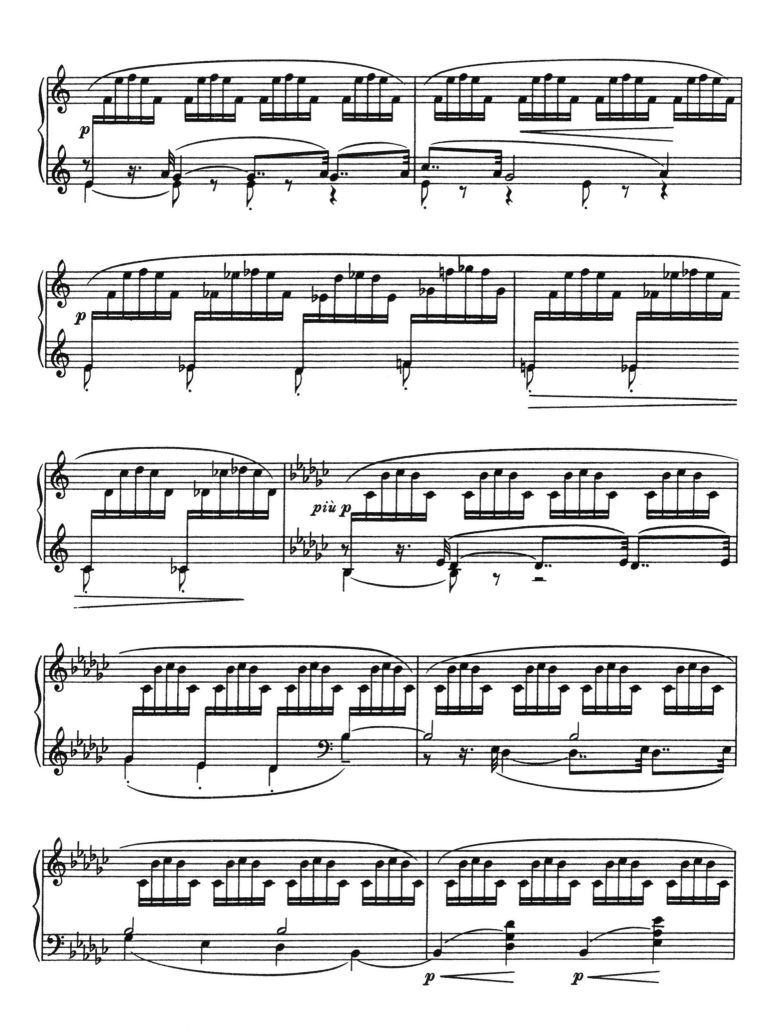

(...Le vent dans la plaine)

IV...

la basse un peu appuyée et soutenue

m.d.

(..."Les sons et les parfums tournent dans l'air du soir")

Charles Baudelaire

V...

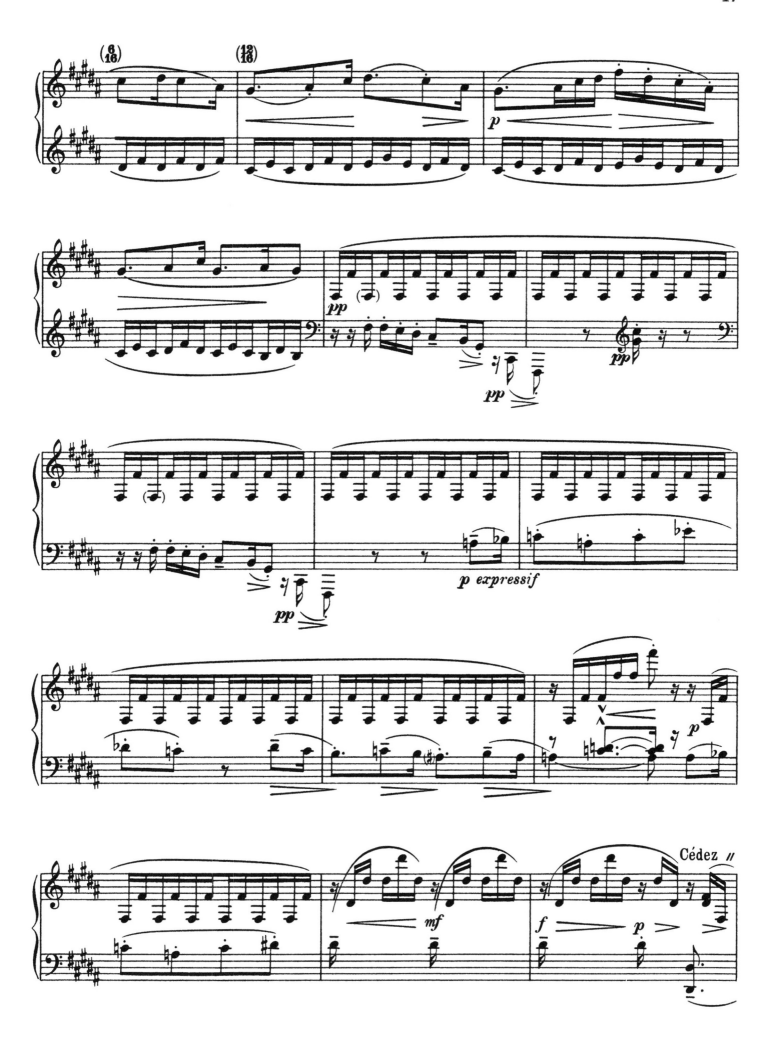

18

(...Les collines d'Anacapri)

VI...

(...Des pas sur la neige)

VII...

Animé et tumultueux

En serrant et augmentant beaucoup

Furieux et rapide

(...Ce qu'a vu le Vent d'Ouest)

VIII...

Très calme et doucement expressif (♩=66)

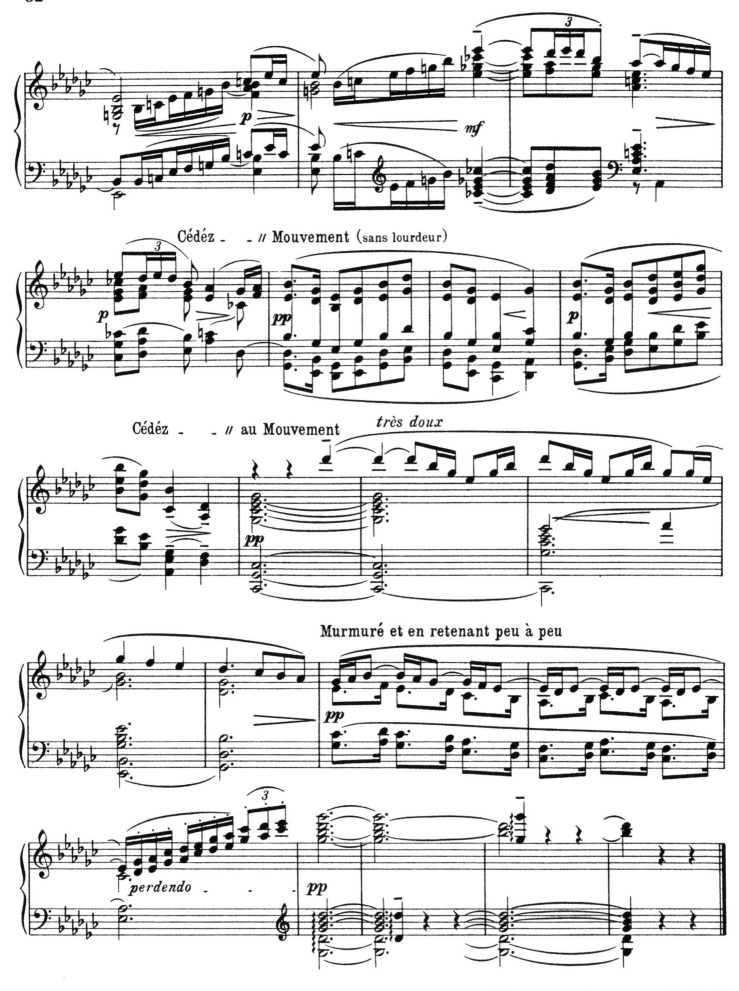

Cédéz _ _ // Mouvement (sans lourdeur)

Cédéz _ _ // au Mouvement   très doux

Murmuré et en retenant peu à peu

perdendo _ _ _ pp

(...La fille aux cheveux de lin)

IX...

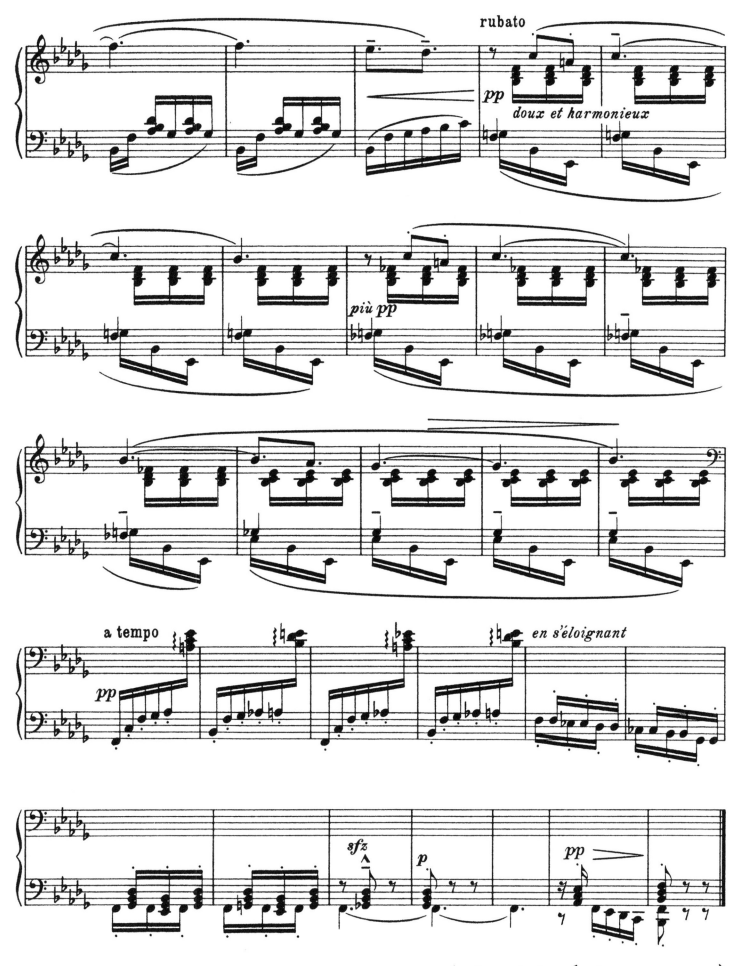

(...La sérénade interrompue)

X...

Profondément calme (Dans une brume doucement sonore)

*) Doux et fluide

Peu à peu sortant de la brume

Un peu moins lent (Dans une expression allant grandissant)

(...La Cathédrale engloutie)

XI...

(...La danse de Puck)

XII...

(...Minstrels)

PRELUDES

Book 2

I...

Modéré
extrêmement égal et léger
la m. g. un peu en valeur sur la m. d.

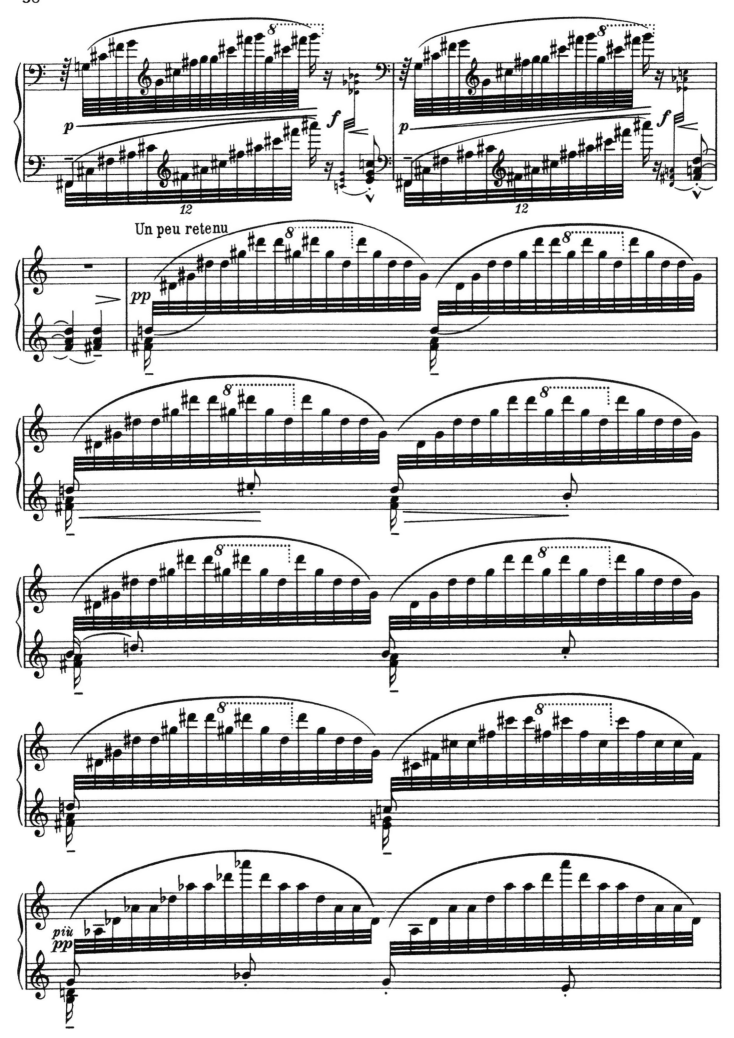

(...Brouillards)

II...

Lent et mélancolique

61

Cédez _ _ _ _ // Mouvement (dans le sentiment du début)

(...Feuilles mortes)

III...

Mouvement de Habanera
avec de brusques oppositions d'extrême
violence et de passionnée douceur

66

(...La Puerta del vino)

IV...

Rapide et léger

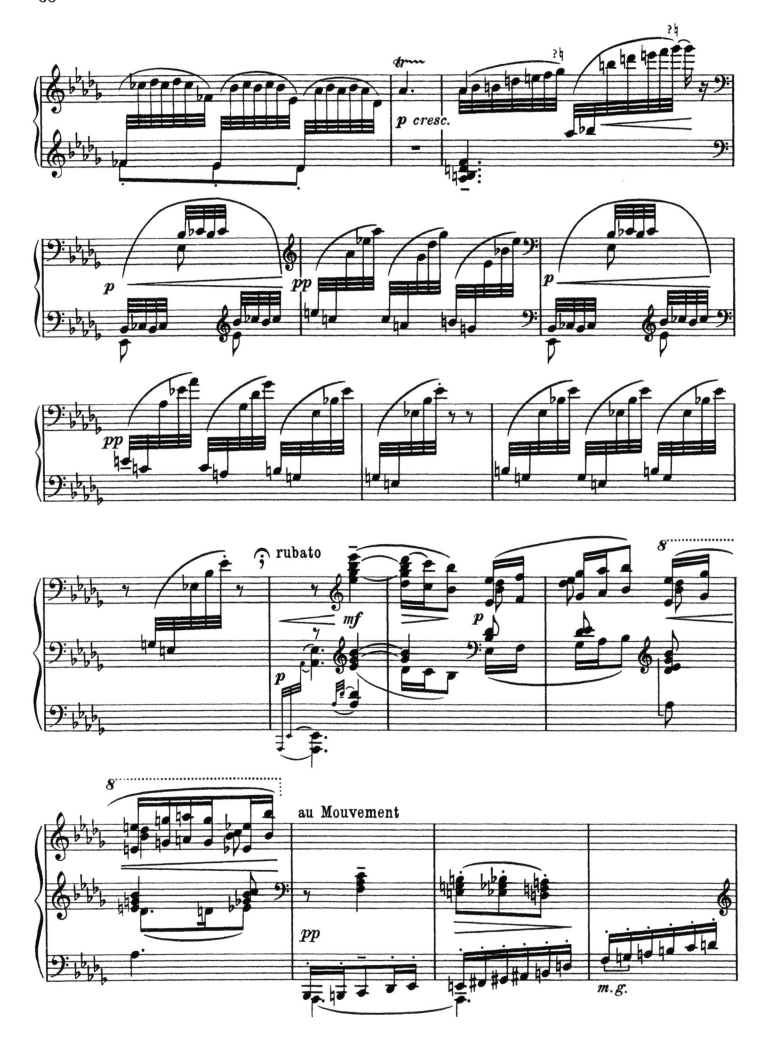

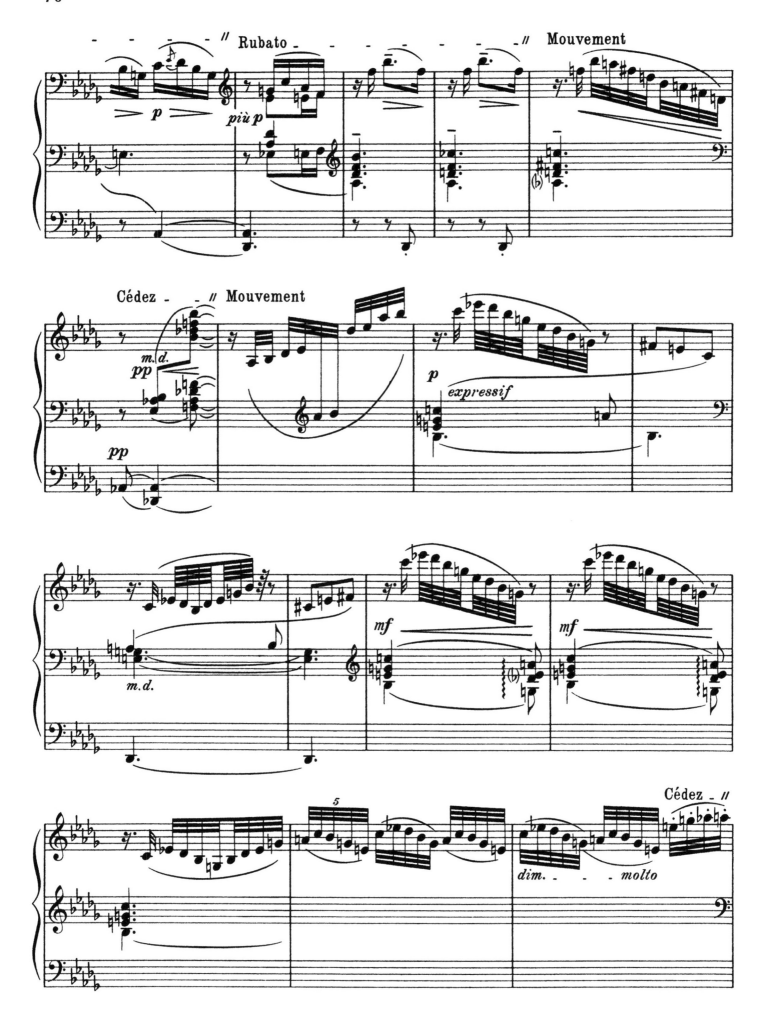

72

(..."Les fées sont d'exquises danseuses")

V...

Calme – Doucement expressif ♩ = 66

au Mouvement

(...Bruyères)

78

VI...

Dans le style et le Mouvement d'un Cake-Walk

Spirituel et discret

(..."General Lavine"–excentric)

VII...

84

(...La terrasse des audiences du clair de lune)

VIII...

(...Ondine)

IX...

Animez peu à peu

(...Hommage à S. Pickwick Esq. P.P.M.P.C.)

X...

(...Canope)

XI...

Modérément animé

Cédez ⁀

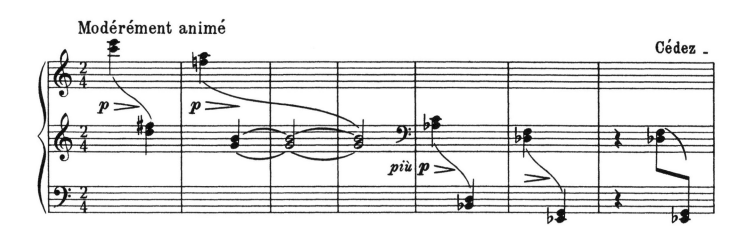

"Un peu plus animé
légèrement détaché sans sécheresse;
les notes marquées du signe - doucement timbrées

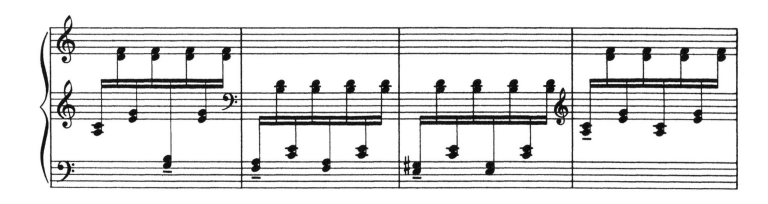

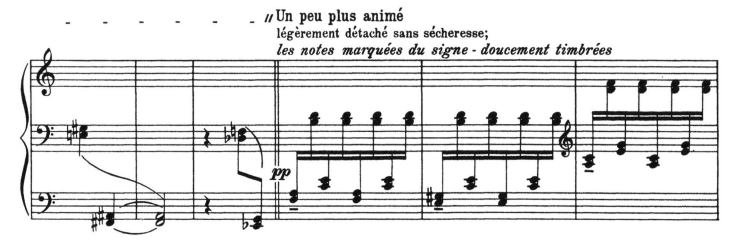

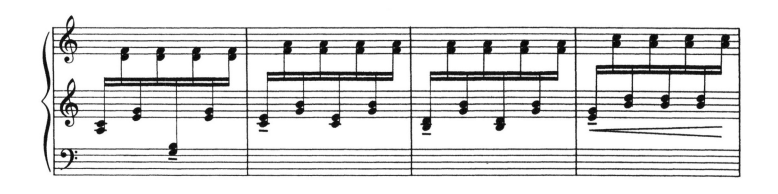

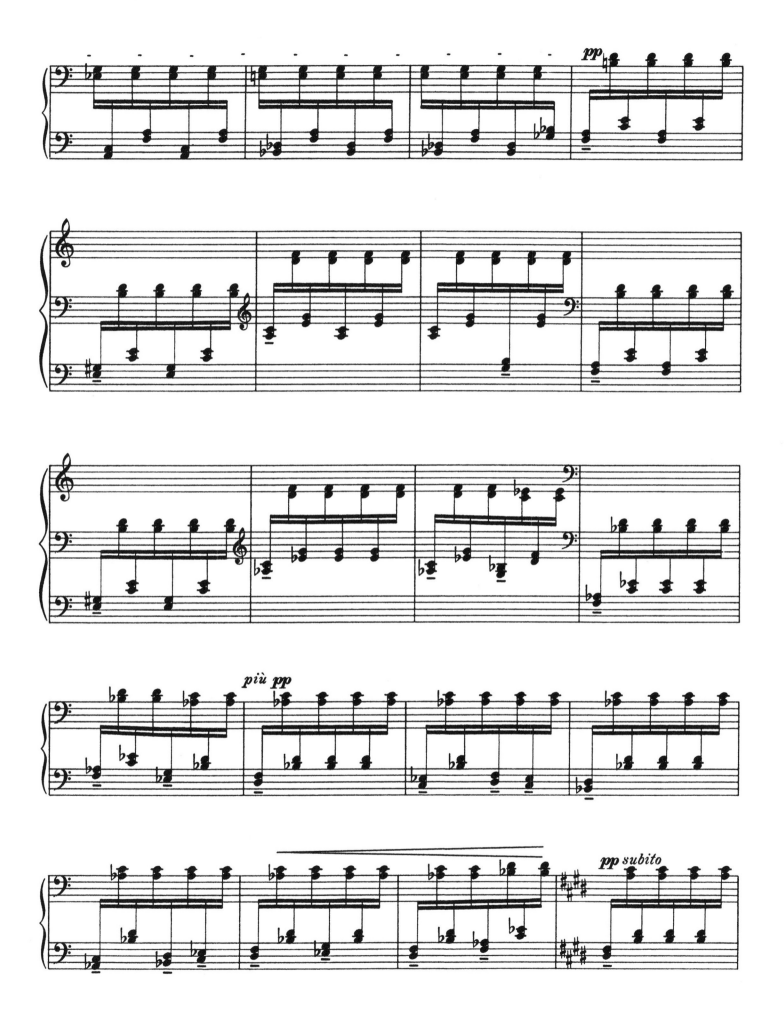

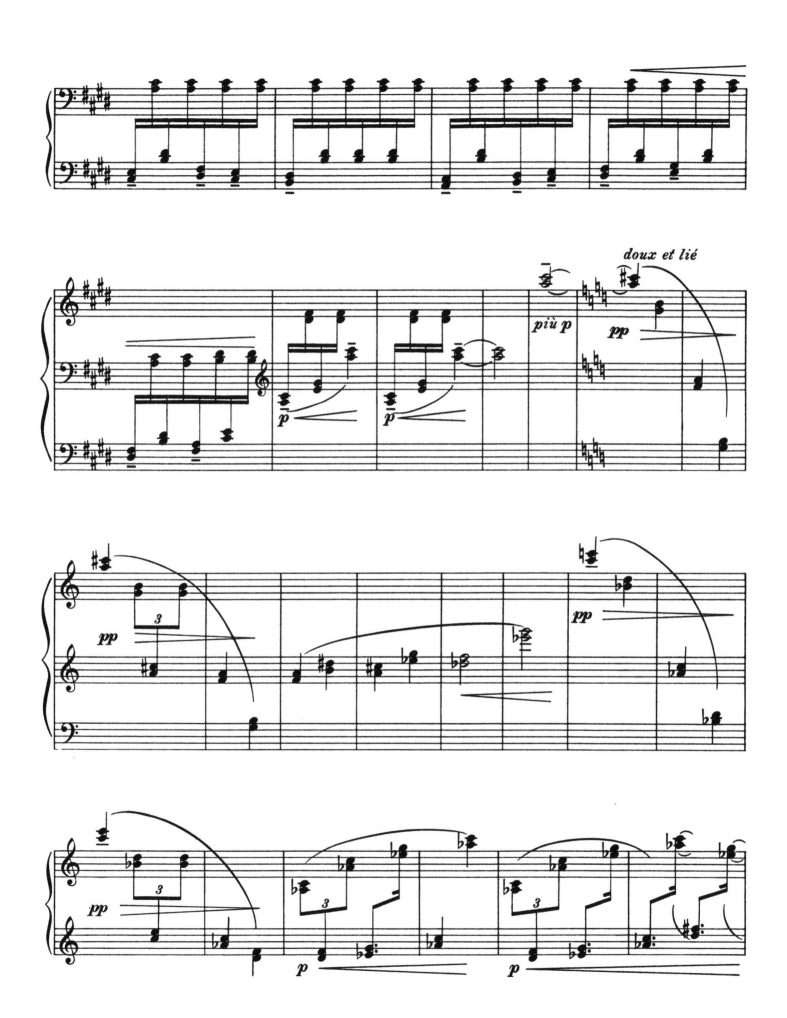

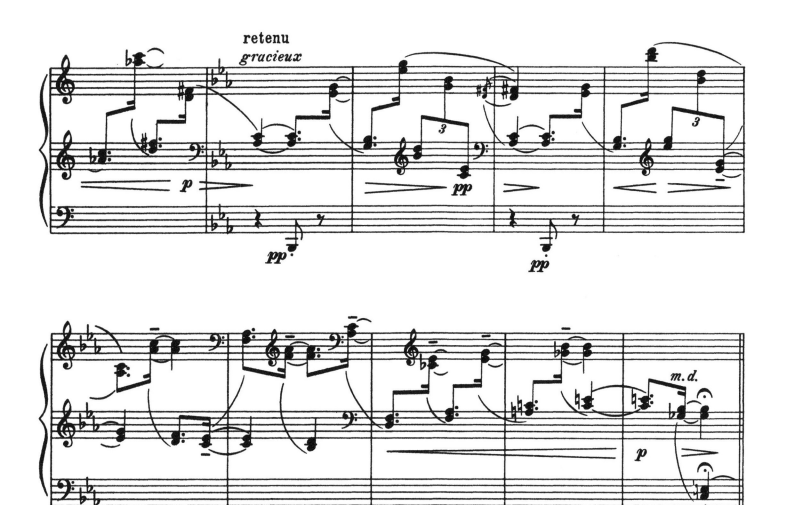

au Mouvement

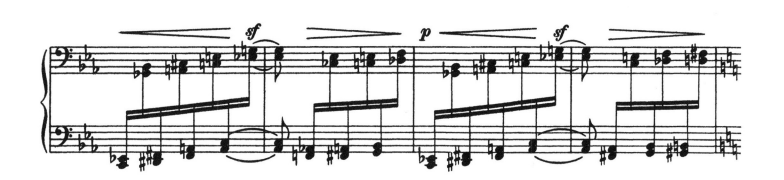

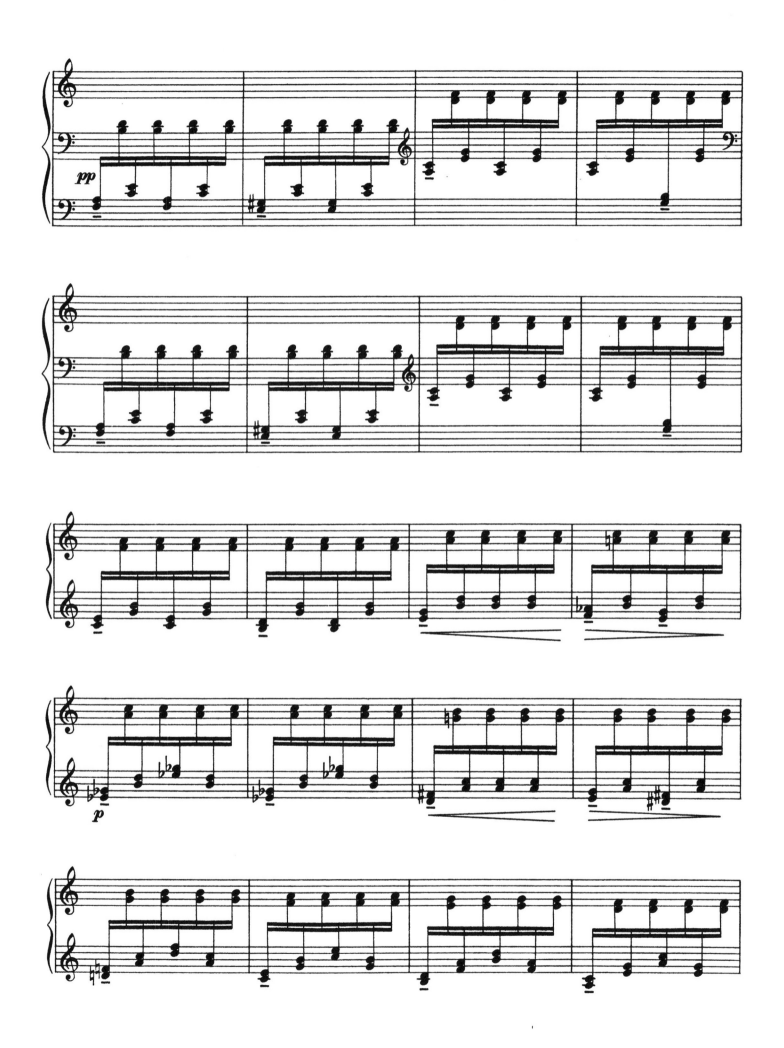

(...Les tierces alternées)

XII...

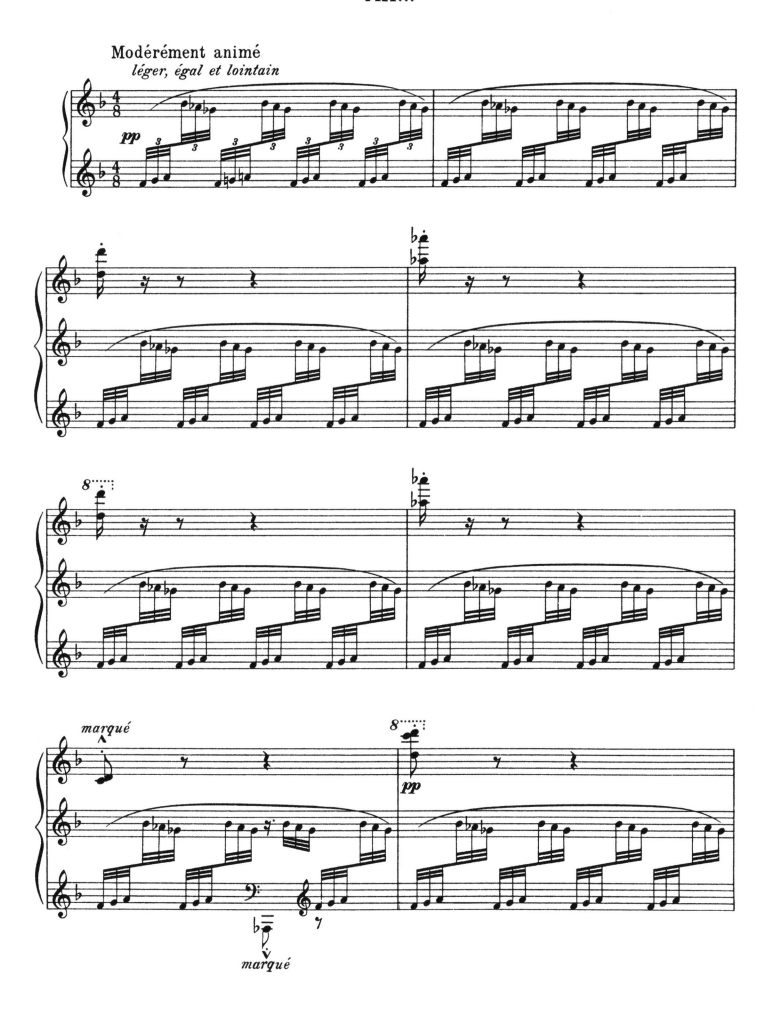

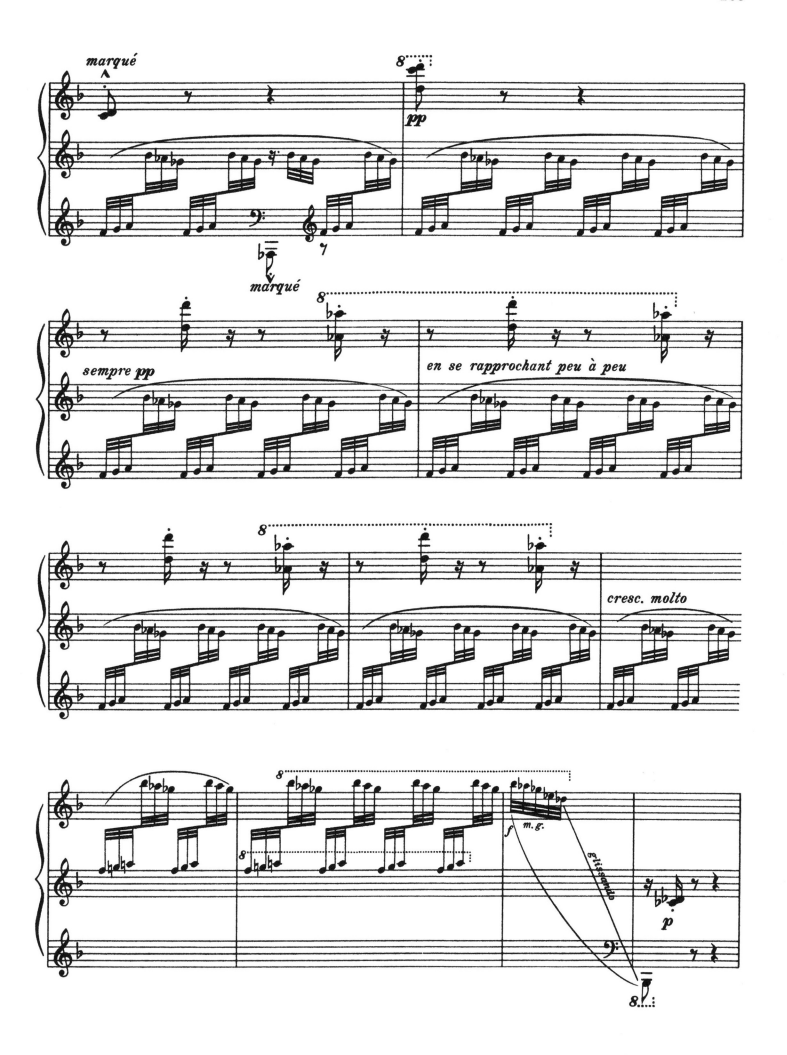

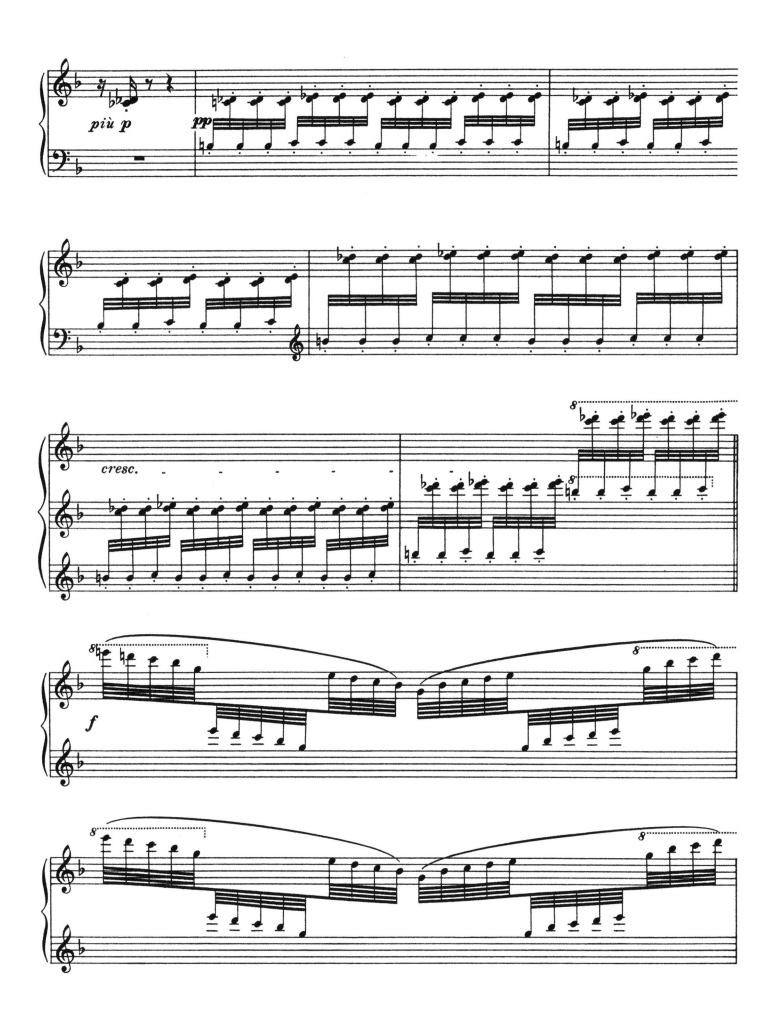

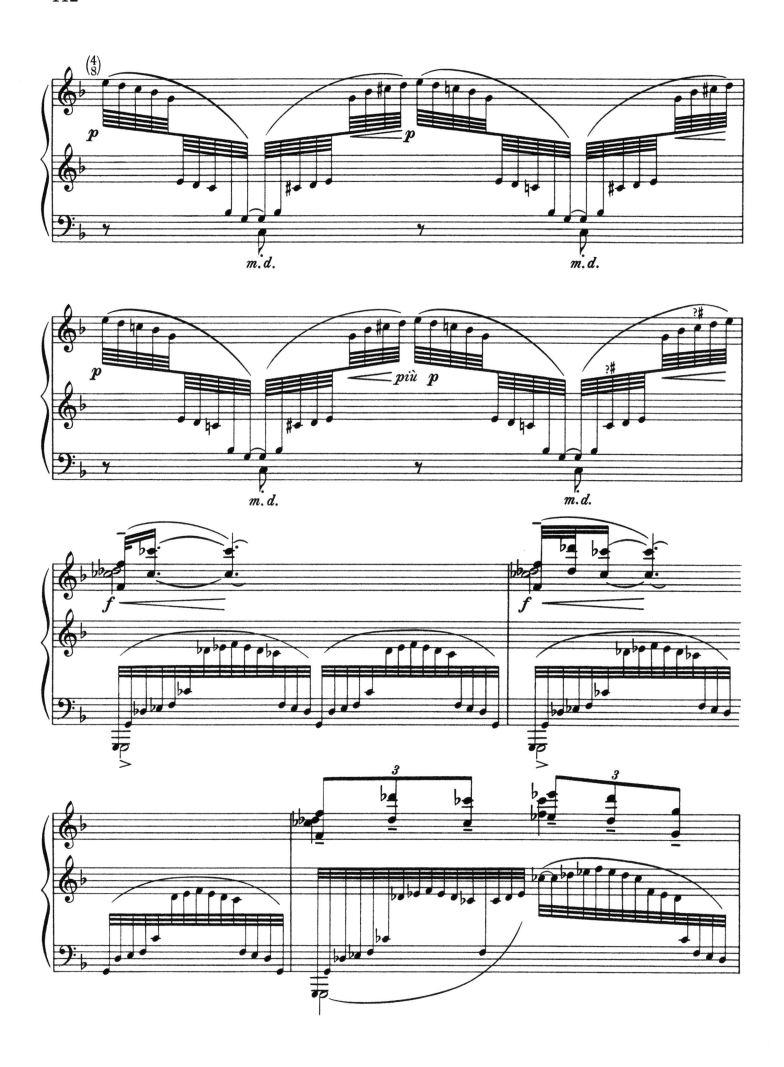

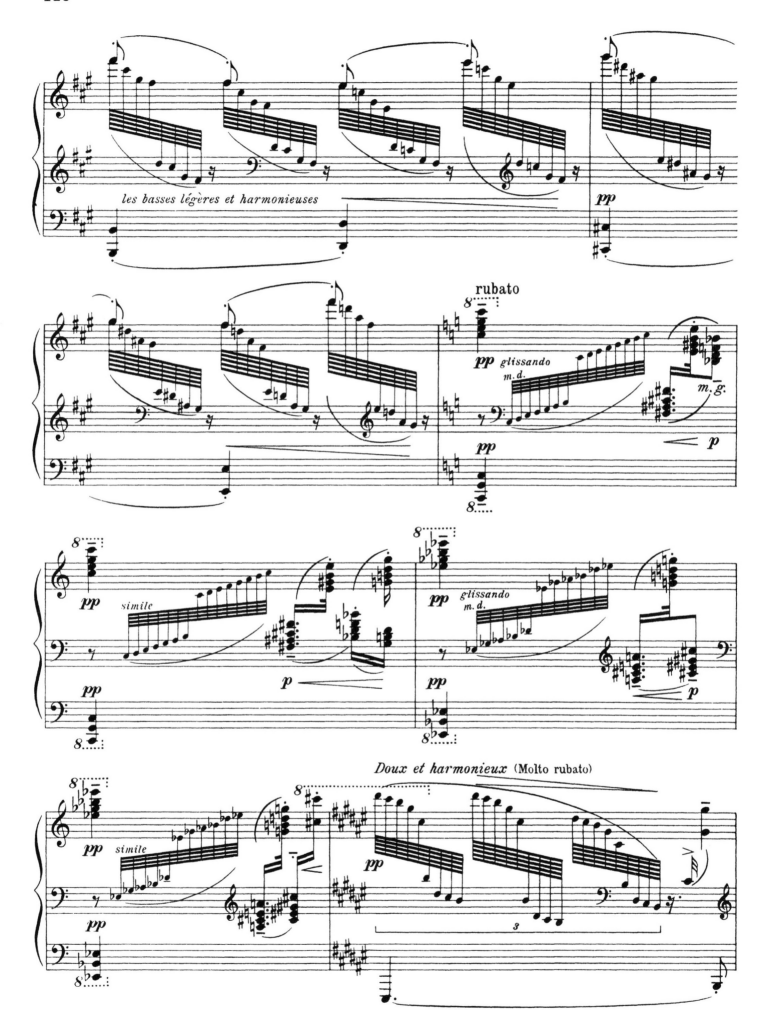

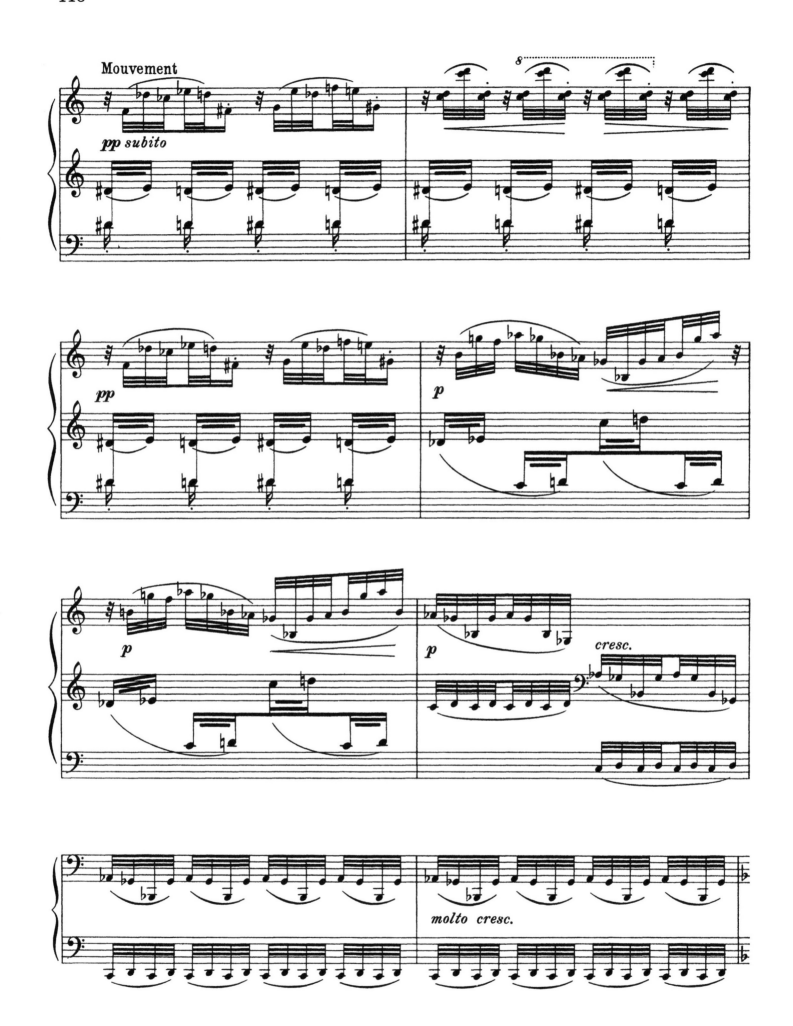

(...Feux d'artifice)

GLOSSARY

à l'aise	with ease
aérien	airy
aimable	friendly, amiable
allant	moving, con moto
angoissé	anguished
animé, animez	lively, più mosso
apaisé	calm
appuyée	emphasized
âpre	harsh
atténué	attenuated, weak
au-dessous	below, less
augmentez	more intense, crescendo
augmentez progressivement (sans presser)	gradual crescendo (without forcing)
au Mouvement, au mouvt	a tempo (return to original tempo)
aussi léger [légèrement] que possible	as lightly as possible
aussi . . . que	as . . . as
avec	with
avec la liberté d'une chanson populaire	with the freedom of a popular song
avoir	have
basse[s]	bass notes
beaucoup	very much
brusque	sudden
calme	peaceful, calm
capricieux	capricious, whimsical
caressant	caressing
cédant	rallentando, slowing
cédez	ritardando, gradually slower
ce rythme doit avoir la valeur sonore d'un fond de paysage triste et glacé	this rhythm should have the resonant quality of a sad and frozen landscape
chanson	song
comme	like, just as
comme en préludant	as if preluding, or improvising a prelude
comme un écho de la phrase entendue précédemment	as if echoing the previous phrase
comme un tendre et triste regret	like a tender and sad regret
comme un très léger glissando	like a very light glissando
comme une lointaine sonnerie de cors	like a distant horn call (hunting horns)
commencer un peu au-dessous du mouvement	begin a bit slower than tempo

concentré	concentrated, reserved
cor	horn (hunting horn)
dans	with, in
dans la sonorité du début	with the sound of the beginning
dans le mouvt	in tempo
dans le sentiment du début	a tempo, original tempo
dans le style et le mouvement d'un Cake-Walk	in the style and tempo of a cake-walk
dans un rythme sans rigueur et caressant	with easy, caressing rhythm
de	of, from
de très loin	from far away
début	beginning
dehors	prominently (literally: outside)
détaché	detached, separate, staccato
deux	two
discret	reserved, held back
doit	should
double	double, twice as much
doucement	softly, quietly
doucement soutenu et très expressif	softly sustained and very expressive
douloureux	sad, grieving
doux	quiet, gentle
doux mais en dehors	quietly but with emphasis
dureté	hardness
éclatant	brilliant, sparkling
égal	even, equal in value
élargi	broader, broadened
emporté	passionate, transported
en animant [un peu]	quickening [a bit]
en animant surtout dans l'expression	more lively, mainly in expression
en cédant	slowing, yielding in tempo
en dehors	prominent, emphasized, played forward
en retenant et en s'effaçant	holding back and fading away
en s'éloignant	withdrawing, fading away

en serrant et augmentant beaucoup ...	pressing forward and molto crescendo
encore	again, still
encore plus lointain et plus retenu	still more distant and held back
estompé et en suivant l'expression	blurred, in keeping with the melody
et	and
expressif	expressive
expressif et un peu suppliant..............	expressive and somewhat entreating
expression	style, expression, expressiveness
extrêmement égal et léger	extremely even and light
fin	the end
flottant	floating
flottant et sourd	floating and muted
fluide..	flowing, fluid
glacé	frozen, icy
gracieux	gracefully
grave[ment]	serious[ly]
harmonieux	resonant, melodious
incisif..	incisive, pointed
ironique	ironic
joyeux	joyous
jusqu'à	until
la	the
la basse un peu appuyée et soutenue..	bass notes somewhat emphasized and sustained
la m.g. un peu en valeur sur la m.d. ...	left hand slightly stronger than right hand
laissez vibrer....................................	let ring (do not stop the sound)
le	the
le double plus lent	twice as slow
léger	lightly
légèrement détaché sans sécheresse;.. les notes marquées du signe — doucement timbrée	slightly detached without dryness; notes marked "—" should be sounded quietly
lent	slow
les	the
les basses légères et harmonieuses	bass notes light and melodious
les deux pédales	two pedals
librement...	freely
lié...	connected, legato
loin, lointain	distant, far, remote

lourdeur	heaviness
lumineux	bright, luminous
m.d. (main droite)	right hand
m.g. (main gauche)	left hand
main[s]	hand[s]
mais	but or well
mais en dehors et angoissé	well emphasized and anguished
marqué	marcato, accented
mélancolique...................................	melancholic
même	same
modéré[ment]	moderate[ly], tempo moderato
modérément animé	moderately animated
moins	less
moqueur	mockingly
mouvement	tempo
mouvement de Habanera (avec de .... brusques oppositions d'extrême violence et de passionnée douceur)	in the tempo of a Habanera (a slow Cuban dance), with sudden contrasts of great violence and passionate tenderness
murmurando, murmuré	murmuring, whispering
murmuré et en retenant peu à peu	murmuring and gradually withdrawing
nerveux	nervous
nerveux et avec humour	nervous and humorous
nuances...	shading, nuances
passionnément	passionately
peu	poco, a little bit
peu à peu	poco a poco (little by little)
peu à peu cresc. en serrant	gradual crescendo, pushing forward
peu à peu sortant de la brume	gradually emerging from the haze
plaintif et lointain	plaintive and distant
plus	more
plus à l'aise	more at ease
presque	almost
presque plus rien	almost nothing
pressez	hurry, push forward
profondément calme (dans une .... brume doucement sonore)	profoundly calm, in a quietly sonorous haze
quasi guitarra	like a guitar
quasi tambouro	like a tambourine

quittez, en laissant vibrer	release but let vibrate (with pedal)
rageur	angrily
rapide	rapid
rapprochant	accelerating
retardé	slowing, delayed
retenant, retenu	holding back, held back
revenir	returning
revenir au mouvement	returning to original tempo
revenir progressivement au mouvement animé	gradually returning to the animated tempo
rêveur	dreamily
rien	nothing
rigueur	rigor, strictness (of tempo)
rythme	rhythm
sans	without
scintillant	scintillating, sparkling
sec	dry
serrant, serrez	pressing forward (tempo)
sonnerie	ringing, sounding, call
sonore	sonorous
sonore sans dureté	sonorous without harshness
souple	flexible, supple
sourd	muffled, muted
soutenu	sustained
spirituel	witty or spiritual
spirituel et discret	witty and reserved
strident	strident, shrill
suppliant	supplicating, entreating
sur	on
surtout	mainly, above all
tendre	tender, gentle
timbrez légèrement la petite note	grace-notes lightly marcato
toujours	always
traîné	lingering, drawn out
tranquille et flottant	tranquil and floating
très	very, much
très apaisé et très atténué jusqu'à la fin	very calm and faint until the end
très calme et doucement expressif	very calm and quietly expressive
triste	sad, melancholy
tumultueux	tumultuous
un, une	a (an)
un peu	poco, a little
un peu au-dessous du mouvement	a bit below tempo
un peu moins lent (dans une expression allant grandissant)	a bit less slowly (with increasing expression)
un peu plus allant	a bit more movement, livelier
valeur	value, quality
vif	lively
volubile	flowing effortlessly, fluidly